NOTICE
DES LIVRES
DU CABINET
DE FEU M. PARQUOY,

Premier Employé du Département des
Manuscrits de la Bibliothèque Impériale;

*Dont la Vente se fera le Lundi 21 Octobre
1805 (29 Vendémiaire, an 14), à cinq
heures précises de relevée, rue Neuve des
Petits-Champs, au coin de la rue de la Loi,
maison de la Bibliothèque Impériale.*

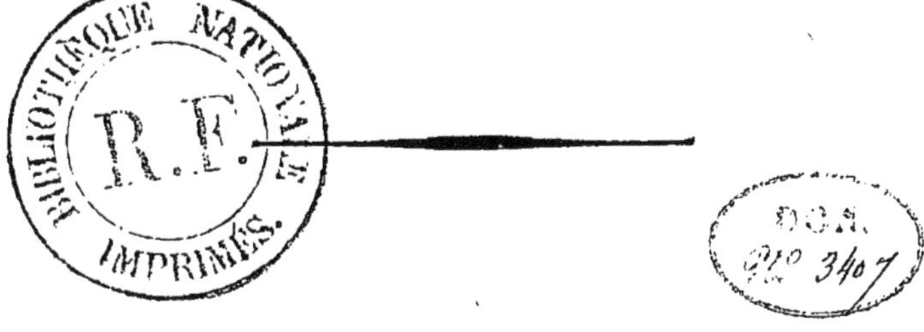

SE TROUVE A PARIS,

Chez
{
GUILLAUME DE BURE, Père et Fils, Libraires
de la Bibliothèque Impériale, rue Serpente,
n° 7.
Et M. PETIT-CUENOT, Commissaire-Priseur,
rue de l'Arbre-Sec.

1805. — An XIV.

Holstenii annot. M. Lasc.

NOTICE

Des Principaux Articles du Cabinet de feu M. Parquoy, premier Employé du Département des Manuscrits de la Bibliothèque Impériale.

N° 1 , 49 *vol. in–8. in-12. & in-18. dont*,

Recherches Philosophiques sur les Egyptiens
   & les Chinois. *Berlin*, 1774, 2 *vol. in-12. v. m.* — 3.—
Œuvres de Jean Racine. 1782, 2 *vol. in-18. v. éc.*
Œuvres choisies de J. B. Rousseau. *Paris*, 1784,
   in-12. v. éc. — 1 . . . . 2.
Hippocratis Aphorismi, gr. & lat. Cur. le Febure
   de Villebrune. *Parisiis*, 1779, *in-12. br.* — 2 18
Tragœdiæ selectæ Æschyli, Sophoclis , & Euripi-
   dis, gr. & lat. *Excud. Henr. Stephanus*, 1567,
   in-18. v. b. — 3 . . . . 19.
Th. Crenii Opuscula varia. *Roterodami*, 1693 ,
   13 *vol. in-12. vél.* — 13 . . . .
Luc. Holstenii annotationes in Cluverii & Ortelii
   geographiam. *Romœ*, 1666, *in–8. v. f.* — 6 . . . .
De Vita functorum statu, auct. Ja. Windet. *Londini*, 1677, *in-12. v. f.* — 1 . . . . 18 . .

N° 2 , 61 *vol. in-8. & in-12. dont*,

Nouvelle méthode de la Langue grecque. *Paris*,
   1696, *in-8. v. b.*
Méthode pour apprendre la Langue latine. *Paris*,
   1655, *in-8. v. b.* — 7 . . . .

A 2

Tables de Logarithmes, par Callet. *Paris*, 1783,
in-8. *v. m.*

Mythographi latini, cum not. var. *Amst.* 1681,
in-8. *vél.*

Maximus Tyrius, gr. & lat. *Lugd. Bat.* 1614,
in-8. *parch.*

Hiſtoire des Juifs de Prideaux. *Amsterd.* 1728,
6 *vol.* in-12. *v. f.*

Hiſtoire du monde Sacré & Profane, par Sam.
Shuckford. *Leyde*, 1738, 3 *vol.* in-12. *v. j.*

La Bible de Le Gros. *Cologne*, 1739, *in-12. mar.*
vert, dent.

La Bible, trad. en franç. par de Sacy. *Bruxelles*,
1702, 8 *vol.* in-12. *v. j.*

N° 5, 51 *vol.* in-4. in-8. & in-12. *dont*,

Phil. a Turre monumenta vet. Antii. *Romæ*,
1724, *in-4. fig. v. b.*

Drusii Grammatica Chaldaica, hæbr. &c. *Frane-
keræ*, 1609, *in-4. parch.*

Th. Erpenii Grammat. arabica. *Lugd. Bat.* 1767,
in-4. *br.*

Pauli Alexandrini rudimenta in Doctrinam de præ-
dictis natalitiis, gr. & lat. *Witebergæ*, 1586,
in-4. m. cit.

Th. Janſſonii ab Almeloveen faſti conſulares ro-
manorum. *Amſterd.* 1740, *in-8. v. f.*

Homeri Opera, gr. & lat. *Patavii*, 1744, 2 *vol.*
in-8. *v. f.*

Hiſt. Auguſtæ Scriptores vi, cum not. var. cur.
Corn. Schrevelio. *Lugd. Bat.* 1661, in-8. *v. éc.*

Elémens d'Algèbre d'Euler. *Lyon*, 1774, 2 *vol.*
in-8. *v. m.*

De l'Origine des Loix, des Arts & des Sciences,
par Goguet. *Paris*, 1759, 6 *vol.* in-12. *v. f.*

Hist. des Mondes. M. Duth.

Phil. a Tusc. M. Duth.

D. Alexandrinus. M. Lasc.

Hist. augusta. M. Duth.

Hist. du Ciel. M. Duth.

Apollodori Bibliotheca , gr. & lat. ex recens: Tanaq. Fabri. *Salmurii*, 1661 , *in-*12. *v. b.*
La République de Platon , trad. en franç. *Paris*, 1765 , 2 *vol. in-*12. *v. m.*   6 19

Hiftoire du Ciel, par Pluche. *Paris*, 1739, 2 *vol. in-*12. *v. b.*   6 ....

Heineccii Fundamenta ftili cultioris. *Lipfiæ*, 1748 , *in-*8. *vél.*   1 10

Jac. Perizonii origines Ægyptiacæ & Babylonicæ. *Traj. ad Rhen.* 1736, 2 *vol. in-*12. *v. f.* Ch. Mag.   24 19

Bibliothèque Orientale , par d'Herbelot. *Paris*, 1781 , 6 *vol. in-*8. *dem. rel.*   7 19

N° 4. 51 *vol. in-*4. *in-*8. & *in-*12. *dont*,

Hiftoire d'Hérodote , trad. par M. Larcher. *Paris*, 1802 , 9 *vol. in-*8. *br.*   34 16

Didymi Taurinenfis Litteraturæ Copticæ rudimentum. *Parmæ*, 1783 , *in-*8. *m. r.*   4 1

Traité des mefures itinéraires , par d'Anville. *Paris*, 1769 , *in-*8. *v. m.*   3 11

Le Bhaguat-geeta. *Paris*, 1787, *in-*8. *rel.* = Bagavadam. *Paris*, 1788 , *in-*8. *br.*   4 1

Lettres fur les Sciences & fur l'Atlantide, par Bailly. *Paris*, 1777 , 2 *vol. in-*8. *br.* = Effai fur les Fables, par le même. *Paris*, *l'an* 7, 2 *vol. in-*8. *br.*   5 1

Cornelius Nepos , cum not. var. *Amftelod.* 1687 , *in-*8. *vél.*   4 ....

L. An. Florus, cum not. var. *Amft.* 1660 , *in-*8. *v. b.*   4 1

Cenforini liber de die natali, cum not. varior. *Lugd. Bat.* 1767 , *in-*8. *v. f.*   6 19

Biblia Hebraica. *Amft.* 1725, *in-*8. *v. f.*   4 19

Joan. Seldeni mare clausum. *Lugd., Bat.* 1636, *in-4. vél.*

Herm. Witsii Ægyptiaca. *Amst.* 1683, *in-4. v. b.*

Joan. Wichmanni Chronologia sacra. *Rostochii,* 1670, *in-4. vél.*

N° 5 , 57 *vol. in-8. & in-12. dont ,*

Buxtorfi Grammat. hebraica. *Basileæ ,* 1663 , *in-8. v. b.*

Théâtre d'Eschyle, en grec & en franç. trad. par M. Dutheil. *Paris , l'an* 3 , 2 *vol. in-8. fig. br.*

Longinus de Sublimitate , gr. & lat. *Glasguæ,* 1751 , *in-12. v. éc.*

Relandi antiq. sacræ vet. hebræorum. *Lipsiæ,* 1715 , *in-12. v. b.*

Ciceronis Opera. *Parisiis, Stephanus,* 1543, 6 *vol. in-12. parch.*

Euclide, trad. en franç. par Henrion. *Paris,* 1621, *in-12. br.*

Luciani Opera, gr. & lat. *Basileæ ,* 4 *vol. in-8. v. b.*

Théorie des Loix civiles. *Londres ,* 1767, 3 *vol. in-12. v. m.*

N° 6, 45 *vol. in-4. & in-8. dont,*

Auctores Ling. Lat. in unum redacti corpus. *Gervasii ,* 1602 , *in-4. v. b.*

P. Mart. Alberti Lexicon hæb. lat. Biblicum. *Budissæ,* 1704, *in-4. v. b.*

Henr. Noris annus & epochæ syro-macedonum. *Lipsiæ ,* 1696 , *in-4. v. b.*

Leon. Offerhaus Spicilegium histor. chronolog. *Groningæ ,* 1759 , *in-4. v. m.*

Guil. Robertson Thesaurus Ling. Sanctæ. *Londini ,* 1680, *in-4. v. m.*

Wittsieg. M. Dath. M. Lase.
Wich______. Chsouol. M. Dath.

Lyon offshaug. B.

Cellarii Notitia orbis antiqui. *Lipsiæ*, 1731,
  2 *vol. in-4. v. m.* - - - - - - - - - *12*
Manilii Aftronomicon , ed. Scaligero. *Argent.*
  1655, *in-4. v. b.* = Ejufdem Caftigat. in Ma-
  nilium. *Antuerp.* 1600, *in-4. rel. en peau.* - - - *3*
La Mythologie & les Fables, expliquées par l'Hiftoire, par Banier. *Paris*, 1738, 3 *vol. in-4.*
  v. m. - - - - - - - - - *19*
Inftitutions Aftronomiques, par le Monnier. *Pa-*
  ris, 1745, *in-4. fig. v. m.* - - - - - *2*
Ciceronis Opera. *Genevæ*, 1660, *in-4. v. b.* - - - *3* · · *17*
La Chronologie des anciens royaumes, parNewton
  Paris, 1728, *in-4. vél. vert.* = Apologie du
  Sentiment de Newton, fur la Chronologie, &c.
  par Stuart. *Francfort*, 1757, *in - 4. m. r.* =
  Défenfe de la Chronologie, par Freret. *Paris*,
  1758, *in-4. v. m.* - - - - - - - - *7* · · *D*
Rudimenta Ling. hebræeæ. *Excud. Henr. Stepha-*
  nus, 1567, *in-4. cart.* = Grammat. Chaldaica.
  Basileæ, 1527, *in-4.* = Merceri Grammat.
  Chald. *Parisiis*, 1560, *in-4. cart.* - - - - - *2* · · *1.*
Jo. Marfhami Canon Chronicus Ægyptiacus, &c.
  Lipfiæ, 1676, *in-4. v. b.* - - - - - - *2* · · *19*
Clenardi Inftitut. in Linguam græc. *Parifiis*,
  1581, *in-4. v. b.* - - - - - - - *3* · · *4.*
Réflexions Critiques fur les Hiftoires des anciens
  Peuples, par Fourmont. *Paris*, 1735, 2 *tom.*
  en 1 *vol. in-4. dem. rel.* - - - - - - *5* · · *19*
Thefaurus Ling. Sanctæ. *Parisiis, Rob. Stephanus*,
  1548, *in-4. dem. rel.* - - - - - - - *2*

N° 7, 57 *vol. in-4. dont*,

Chronologia & Critica hift. profanæ & facræ,
  auct. Hieremia a Bennettis. *Romæ*, 1766,
  6 *vol. in-4. vél.* - - - - - - - - *10*

Jo. Georg. Grævii Syntagma differtationum. *Ul-trajecti*, 1702, *in-4. v. b.*

Differtations fur Hérodote, par lepref. Bouhier. *Dijon*, 1746, *in-4. v. m.*

Monumens de la Mythologie & de la Poéfie des Celtes, par Mallet. *Copenhague*, 1756, *in-4. v. m.*

Jo. van der Hagen obfervationes variæ. *Amftelod.* 1733, 5 *vol. in-4. vél.*

Mémoires fur l'Egypte ancienne & moderne, par d'Anville. *Paris*, 1766, *in-4. fig. v. m.*

L'Euphrate & le Tigre, par le même. *Paris*, 1779, *in-4. br.*

Etats formés en Europe, par le même. *Paris*, 1771, *in-4. fig. br.*

H. Dodwelli de vet. græcorum romanorumque cyclis differt. *Oxonii*, 1701, *in-4. v. m.*

Chronologie de l'Hiftoire Sainte, par des Vignoles. *Berlin*, 1761, 2 *vol. in-4. v. m.*

Marmora Arundelliana, cum comment. Jo. Seldeni. *Londini*, 1629, *in-4. v. b.*

Explication de divers Monuments qui ont rapport à la Religion des anciens Peuples, par D. Jacq. Martin. *Paris*, 1739, *in-4. fig. v. m.*

Mat. Wafmuth grammatica arabica. *Amftelod.* 1654, *in-4. v. b.*

Jo. Meyeri tractat. de feftis hebræorum. *Amftelod.* 1724, *in-4. v. f.*

Conr. Kircheri concordantiæ veteris teftamenti. *Francof.* 1607, 2 *vol. in-4. v. b.*

Ed. Corfini fafti attici. *Florentiæ*, 1744, 4 *vol. in-4. dem. rel.* = Ejufd. differt. IV Agonifticæ. *Flor.* 1747, *in-4. dem. rel.*

Dion. Alexandrini & Pomp. Melæ orbis def-

van der Hagen. M. Duth.

Ortelius. M. Duth. M. Lasches.

criptio, gr. & lat. *Excud. H. Stephanus*, 1577,
in-4. *v. b.*

Hiftoire de l'Aftronomie ancienne, moderne &
indienne, par Bailly. *Paris*, 1775, 5 *vol. in-*4.
v. m. & v. éc.

Polybii, Diodori Siculi, &c. excerpta, gr. & lat.
ed. H. Valefio. *Parif.* 1634, *in-*4. *v. b. Ch. Mag.*

N° 8, 32 *vol. in-fol. & in-*4.

Menochii comment. in facram fcripturam. *Venetiis*, 1758, 2 *vol. in-fol. dem. rel.*

Chronicon Pafchale. *Venetiis*, 1729, *in-fol.
dem. rel.*

Sancti Cypriani Opera, ed. Dodwello. *Amftelod.*
1700, *in-fol. v. b.*

Paufanias, gr. & lat. *Francof.* 1583, *in-fol. v. b.*

Flavii Jofephi Opera, gr. & lat. *Coloniæ*, 1691,
in-fol. v. f.

Voffii Etymologicon Ling. Lat. *Lugd.* 1664, *in fol.
v. b.*

Senecæ Philofophi Opera. *Parif.* 1607, *in-fol. v. b.*

Ortelii Thefaurus Geographicus. *Antverp.* 1596,
in-fol. v. b.

Clementis Alexandrini Opera, gr. & lat. *Parif.*
1641, *in-fol. v. b.*

Examen critique des anciens hiftoriens d'Alexandre
le Grand, par M. de Sainte-Croix. *Paris*, 1804,
*in-*4. *cart.*

Libanii Epiftolæ, gr. & lat. *Amft.* 1738, *in-fol. v. m.*

Guil. Cave Scriptorum Ecclefiafticorum hift. lit-
teraria. *Basileæ*, 1741, 2 *vol. in-fol. v. m.*

Pitifci Lexicon antiquit. Romanarum. *Hag. Com.*
1737, 3 *vol. in-fol. v. m.*

N° 9 , 29 *vol. in-fol. dont ,*

Eusebii Pamphili Thesaurus temporum. *Lugd. Bat.* 1606, *in-fol. vél.*

Idem Liber. *Amstelod.* 1658, *in-fol. v. b.*

Jo. Scaligeri Opus de emendatione temporum. *Coloniæ,* 1629, *in-fol. v. b.*

Chronica trium illust. auctorum, Eusebii Pamphili, &c. *Burdigalæ,* 1604, *in-fol. m. r.*

Diodorus Siculus, gr. et lat. *Hanoviæ,* 1604, *in-fol. v. b.*

Critica Histor. Chronol. in annales ecclesiasticos Baronii, stud. Fr. Pagi. *Antverp.* 1705, 4 *vol. in-fol. v. b.*

Verrii Flacci fasti Romani. *Romæ,* 1780, *in-fol. dem. rel.*

Dion. Petavii opus de doctrina temporum. *Antverp.* 1703, 3 *vol. in-fol. v. b.*

Chronicon Historiam Cathol. Complectens, auct. Edw. Simsonio. *Lugd. Bat.* 1729, *in-fol. vél.*

Jac. Usserii annales veteris et novi Testamenti. *Genevæ,* 1722, *in-fol. v. b.*

Cl. Salmasii Plinianæ exercitationes. *Parisiis,* 1629, 2 *vol. in-fol. v. b. Ch. Mag.*

Dionysii Halicarnassensis Opera, gr. et lat. *Lipsiæ,* 1691, *in-fol. v. b.*

Titus Livius. *Basileæ,* 1549, *in-fol. v.*

Jo. Buxtorfi Lexicon Chaldaicum, Talmudicum, &c. *Basileæ,* 1639, *in-fol. v. b.*

Valent. Schendleri Lexicon Pentaglotton. *Francof.* 1612, *in-fol. rel. en peau.*

Plutarchi Opera, gr. et lat. ed. Rualdo. *Paris.* 1624, 2 *vol. in-fol. v. b.*

G. Syncelli Chronographia, gr. et lat. et Nicephori, patriarch. Constant. Breviarium Chro-

Chronicas trium. M. Lare.

Syncellus. M. Lare. mh^tt au plus

nologicum , gr. et lat edente Jac. Goar. *Parif.*
è Typ. Regia , 1652 *, in-fol. v. m. Ch. Mag.*
Exemplaire très-précieux , fur lequel M. Parquoy a fait
un travail confidérable , & qu'il a porté fur les marges.

Canon Chronicus Genearcharum , Imperatorum ,
Ducum , ordinem et fingulorum tempora con-
tinens , ad Georg. Syncelli Chronologiam , a
Pat. Jac. Goar digeftus. *In-fol. dem. rel.*

Manufcrit fur Papier.

N° 10, 45 *vol. in-4.*

Hiftoire univerfelle , par une Société de gens de
Lettres. *Amft.* 1770 , 45 *vol. in-4. fig. v. m.* . . 180

N° 11, 2 *vol. in-fol.*

Géographie ancienne , par d'Anville. *Paris ,*
1769 , *in-fol. atlant. fig. dem. rel.* - - - - - - 18 · · · 12.
Un grand porte - feuille *in-fol.* renfermant des
cartes géographiques. - - - - - - - - - 17 · · · · ·

N° 12, 185 *vol. in-12. dont,*

Abrégé de l'Hiftoire eccléfiaftique, de Fleury.
Utrecht, 1748 , 15 *vol. in-12. v. m.* - - - - 10 · · · 19 · ·
Sermons de Saint Auguftin. *Paris ,* 1739 , 14 *vol.*
in-12. v. b. - - - - - - - - - - 5 · · · 19 ·

N° 13 , 67 *vol. in-12. dont,*

Inftitution d'un Prince, par Duguet. *Londres ,*
1740 , 4 *vol. v. m.* - - - - - - - - - 2 · · · 1 ·
Missel de Paris , lat &. fr. *Paris,* 1716, 4 *vol. v. b.* - 3 · · · ·
Sermons de Massillon. *Paris ,* 1747 , 13 *vol.*
v. m. - - - - - - - - - - - - 12 ·

N.º 14, 138 *vol. in-12. dont*,

8.... 12. Abrégé de l'Histoire de l'ancien Testament, par Mesenguy. *Paris*, 1737, 10 *vol. v. b.*

2.... 8.. Le nouveau Testament, en françois, par le Père Quesnel. *Amsterd.* 1736, 7 *vol. v. b. imparfait*

3.... . { Lettres de M. Ant. Arnauld. *Nancy*, 1727, 8 *vol. v. b.*

L'Espion dans les cours des Princes chrétiens. *Amsterd.* 1756, 9 *vol. v. m. Manque le tom.* 1.ᵉʳ

2.... 5.. { Révolutions de Suède, par de Vertot. *Paris*, 1751, 2 *vol. v. m.*

Dictionnaire néologique. 1727, *in-12. v. f.*

N.º 15, 26 *vol. in-fol. dont*,

91.... Biblia polyglotta Bryani Walton, et Castelli Lexicon. *Londini*, 1667, 8 *vol. in-fol. v. b. gaté*

20....13.. Synopsis Criticorum aliorumque S. Scripturæ interpretum, opera Math. Poli. *Londini*, 1669, 8 *vol. v. b.*

2.... 3. Sancti Justini opera, gr. & lat. *Colon.* 1686, *v. b.*

4....3. Sancti Epiphanii opera, gr. & lat. *Colon.* 1682, 2 *vol. vél.*

23....19 { Riccioli Chronologia reformata. *Bononiæ*, 1669, 2 *vol. v. b.*

Lycophronis Alexandra, gr. & lat. ed. Pottero. *Oxonii*, 1702, *v. f.*

11.... 1. Herodoti hist. gr. & lat. ed. Th. Gale. *Lond.* 1679, 1 *vol. v. m.*

N.º 16, 38 *vol. in-fol. & in-4. dont*,

8....19 { Géographie des Grecs analysée, par M. Gosselin. *Paris*, 1790, *in-4. fig. cart.*

Recherches sur la géographie systématique des

Scholtz, grammat. M. Duth.

Proclus. M. Laur. +

Anciens, par le même. *Paris*, an VI, 2 *vol. in-4. fig. cart.*

Pſalterium quintuplex. *In-4. v. b.* ‒ ‒ ‒ ‒ ‒ ‒ ‒ ‒ ‒ ‒ ‒ 3 ....

Novum Teſtamentum copticum , ſtud. Dav. Wilkins. *Oxonii*, 1716 , *in-4. v. b.* ‒ ‒ ‒ ‒ ‒ 8 ....

Scriptores rei ruſticæ lat. veteres , ed. Geſnero. *Lipsiæ*, 1735 , 2 *vol. in-4. v. éc.* ‒ ‒ ‒ ‒ 18 2

Th. Hyde Hiſtoria religionis vet. Perſarum. *Oxonii*, 1700 , *in-4. v. b.* ‒ ‒ ‒ ‒ ‒ ‒ 11 .... 14.

Aſtronomie , par Lalande. *Paris*, 1792 , 3 *vol. in-4. cart.* ‒ ‒ ‒ ‒ ‒ ‒ ‒ ‒ 39 .. 10

Traité de Trigonométrie, par Cagnoli.*Paris*, 1786, *in-4. br.* ‒ ‒ ‒ ‒ ‒ ‒ ‒ ‒ ‒ 5 ....

Chr. Scholtz Grammatica & Lexicon Ægyptiaco-latinum. *Oxonii*, 1775 , 2 *vol. in-4. v. f.* ‒ ‒ 24 ....

Obſervations mathématiques , par Souciet.*Paris*, 1729 , 3 *vol. in-4. v. m.* ‒ ‒ ‒ ‒ ‒ ‒ 16 .... 1..

Zend-Aveſta, par M. Anquetil du Perron. *Paris*, 1771 , 3 *vol. in-4. v. éc.* ‒ ‒ ‒ ‒ ‒ ‒ 27 .... 1.

Mém. hist. sur les pays situés entre la mer Noire et la mer Caspienne. *Paris*, 1797 , *in-4. br.* ‒ ‒ 5 .... 1..

Eusebii Hist. ecclesiastica , gr. *Lutet. Rob. Ste-phanus*, 1544 , *in-fol. v.* ‒ ‒ ‒ ‒ ‒ ‒ 4 .... 2..

N° 17 , 33 *vol. in-4. in-8. & in-12. dont*,

Hiſtoire des Empereurs , par Tillemont. *Paris*, 1690 , 6 *vol. in-4. v. b. & br.* ‒ ‒ ‒ ‒ 8 .... 1.

Arati Phænomena , gr. & lat. *Pariſ.* 1559, *in-4. rel. en peau.* ‒ ‒ ‒ ‒ ‒ ‒ ‒ ‒ ‒ 5 19,

Eutychii ecclefiæ fuæ origines, arab. & lat. *Lond.* 1642 , *in-4. parch.* ‒ ‒ ‒ ‒ ‒ ‒ ‒ 2..

Procli sphæra , gr. & lat. *Londini* , 1620 , *in-4. v. f.* ‒ ‒ ‒ ‒ ‒ ‒ ‒ ‒ ‒ ‒ 12 ....

Pauli Ernesti Jablonski Pantheon Ægypti rum
Francof. 1750 , *in-8. vél.*

N° 18 , 42 *vol. in-4. in-8. & in-12. dont,*

Dissert. sur l'exiftence de Dieu , par Jaquelot.
La Haye, 1697 , *in-4. v. f.*

Ant. van Dale differtationes de oraculis, & de ido-
lolatria. *Amst.* 1700, 2 *vol. in-4. v. b.*

Origine des Cultes, par Dupuis. *Paris ,* l'an III ,
4 *vol. in-4. fig. br.*

Biblia hebraica. *Amft.* 1753 , *in-8. v. m.*

La République romaine, par de Beaufort. *Paris,*
1767 , 6 *vol. in-12. br.*

Psalmorum liber , hebr. et lat. edid. Fr. Hare.
Londini , 1736 , 2 *vol. in-8. v. b.*

N° 19, 2 *vol. in-folio.*

Dionis Cassii Hiftoria romana , gr. et lat. ed. H. S.
Reimaro.*Hamburgi,*1750, 2 *vol. in-fol. en feuil.*

N° 20 , 70 *vol. in-12. dont,*

Hiftoire de l'Académie des Infcriptions. *La Haye ,*
1718 , 15 *vol. cart.* = Mémoires de la même
Académie. *La Haye,* 1719 , 59 *vol. cart. Il
manque les tomes* 25, 30 , 32, 42, 48 & 49.

F I N.

(15)

Les Livres feront expofés dans l'ordre qui fuit:

Lundi 21 Octobre (29 Vendémiaire).

Les n°s 13, 14, 1, 2, 5, 19, 16, 7. . . . .

Mardi 22 Octobre (30 Vendémiaire).

Les n°s 12, 3, 6, 8, 9, 17, 18, 4, 11, 20, 10, 15.